Tirso de Molina

# Los hermanos parecidos

Barcelona **2024**
**Linkgua-ediciones.com**

# Créditos

Título original: Los hermanos parecidos.

© 2024, Red ediciones S.L.

e-mail: info@Linkgua-ediciones.com

Diseño de cubierta: Michel Mallard.

ISBN rústica: 978-84-9816-527-2.
ISBN ebook: 978-84-9953-315-5.

# Sumario

Créditos _____ 4

Brevísima presentación _____ 7
    La vida _____ 7

Personajes _____ 8

Acto único _____ 9

Libros a la carta _____ 53

## Brevísima presentación

### La vida

Tirso de Molina (Madrid, 1583-Almazán, Soria, 1648). España.

Se dice que era hijo bastardo del duque de Osuna, pero otros lo niegan. Se sabe poco de su vida hasta su ingreso como novicio en la Orden mercedaria en 1600 y su profesión al año siguiente en Guadalajara. Parece que había escrito comedias, al tiempo que viajaba por Galicia y Portugal. En 1614 sufrió su primer destierro de la corte por sus sátiras contra la nobleza. Dos años más tarde fue enviado a la Hispaniola (actual República Dominicana), regresó en 1618. Su vocación artística y su actitud contraria a los cenáculos culteranos no facilitó sus relaciones con las autoridades. En 1625, el Concejo de Castilla lo amonestó por escribir comedias y le prohibió volver a hacerlo bajo amenaza de excomunión. Desde entonces solo escribió tres nuevas piezas y consagró el resto de su vida a las tareas de la orden.

**Personajes**

Atrevimiento
Admiración
Hombre
África
Asia
Europa
América
Engaño
Temor
Cristo
Envidia
Justicia
Deseo
Codicia
Vanidad
Buen Ladrón
Madalena
Músicos

**Acto único**

(Salen el Atrevimiento a lo soldado, con muchas plumas, y la admiración, de Hombre.)

Atrevimiento     ¡Otra vez me vuelve a dar
los brazos, Admiración!

Admiración     ¡Bien me la puedes causar,
bravo mozo! Con razón
te puede el mundo llamar
    honra suya, que contento
vienes; y ¡que, a lo soldado!
¡Bravas plumas das al viento!

Atrevimiento     Por mi valor lo he ganado
todo.

Admiración     Eres Atrevimiento.
    ¿A qué no te atreverás?
¿De dónde vienes?

Atrevimiento     Del cielo;
donde no pienso entrar más.

Admiración     Pues ¿nacido allá?

Atrevimiento     En el suelo
desde agora me verás;
    que aunque del querub nací,
que el monte del testamento
intentó asaltar por mí,
con ser yo el Atrevimiento,
como mi padre caí.

Echóme de allá la guerra,
y así estoy determinado,
pues mi patria me destierra,
dejarla.

Admiración             No es estimado
ningún valiente en su tierra.
   Pero, pues al mundo bajas,
¿qué oficio piensas tener?
Porque si en él no trabajas,
mal ganarás de comer.

Atrevimiento     No son mis prendas tan bajas
   que, para adquirir sustento,
me obligue a degenerar
de mi altivo nacimiento.
¿Quién me puede a mí estorbar,
si soy el Atrevimiento,
   cuanto produce la tierra,
cuanto el mar inmenso cría
y el viento en su esfera encierra?
Yo he de poner algún día
sobre una tierra otra tierra,
   y, aunque les pese a las nubes,
he de cobrar el asiento
que perdieron los querubes.

Admiración       Pues, hermano Atrevimiento,
caerás si tan alto subes.
   Mas ya que al mundo has venido,
¿qué es lo que en él se te ofrece,
o qué ocasión te ha traído?

Atrevimiento     La Fortuna favorece

al osado y atrevido.
Nombró el Rey, nuestro señor,
al hombre, por ser su hechura,
virrey y gobernador
de este mundo, que procura
hacerle su coadjutor.
Puso casa en su grandeza
augusta; pues, porque goce
de estos orbes la belleza,
le sirve y le reconoce
la misma naturaleza.
Tanto imperio, en fin, le ha dado,
que hoy entra, según oí,
bizarro y acompañado
debajo un palio turquí
de diez altos de brocado,
sembrado todo de estrellas,
con tan gallarda persona
que, aventajándose a ellas,
con su vista perficiona
las criaturas más bellas.
Yo, que altas cosas codicio,
pretendo agora asentar
en su casa y su servicio
y en ella solicitar
la mejor plaza y oficio.
Tengo a su lado un pariente
que a cuanto quiere le obliga,
y una dama diligente
muy su valida y amiga.

Admiración        Ansí harás buen pretendiente.
                  ¿Y es el pariente?

**11**

| | |
|---|---|
| Atrevimiento | El deseo. |
| Admiración | ¿Y su dama? |
| Atrevimiento | La irascible. |
| Admiración | Mucho puede con él. |
| Atrevimiento | Creo<br>que, a pedir un imposible,<br>le alcanzara. |
| Admiración | Yo bien veo<br>  que a los dos les está a cuento<br>que entréis en palacio vos;<br>pues si es el deseo violento,<br>e irascible, harán los dos<br>príncipe al Atrevimiento.<br>  Mas ya han venido, y está<br>bien que seáis su privado,<br>porque si crédito os da,<br>de suerte sois alentado,<br>que todo lo intentará. |
| Atrevimiento | Por mí tiene de alcanzar<br>cosas imposibles. |
| Admiración | ¡Fiesta<br>brava! |
| Atrevimiento | Ya debe de entrar<br>tiunfando el Hombre. |
| Admiración | Desde esta |

parte lo puedes gozar.

(Descúbrese un mundo, que encierra en su centro al Hombre, asentado en un trono, con corona y cetro, cuya parte superior, en forma de dosel, será azul, sembrado de estrellas, con el Sol y la Luna, y la inferior, pintada de llamas, de nubes, de aguas, árboles, peces, pájaros y brutos. A las cuatro partes, dos a un lado y dos a otro, estén Asia, África, Europa y América del modo que ordinariamente se pintan, como que tienen el mundo en forma de palio; toquen instrumentos y luego canten los músicos.)

Músicos          «Sea bien venido
                 por gobernador
                 el virrey del orbe,
                 el mundo menor,
                 el retrato vivo
                 de su mismo autor,
                 padre de las gentes,
                 juguete de Dios;
                 su vicemonarca,
                 su recreación,
                 blanco de su gusto,
                 centro de su amor.
                 Sea bien venido
                 por gobernador
                 el virrey del orbe,
                 el mundo menor.»

Asia              Epílogo de todo lo criado,
                 cifra de cuanto Dios por su contento
                 puso en aqueste globo concertado
                 que toca su poder como instrumento;
                 suma del mundo y como tal llamado
                 microcosmos, en cuyo noble asiento,
                 como abreviado asombro y maravilla

el Rey nuestro señor pondrá su silla.
   Tú, en quien halla su ser toda criatura,
la piedra cuerpo, vegetar la planta,
sentir el animal y la hermosura
del ángel entender con gracia tanta;
tú, en fin, en cuya imagen y figura
puso la Trinidad inmensa y santa
su retrato en quien ser humano tengas,
mil veces para bien del mundo vengas.
   Las cuatro partes de esta esfera baja,
que es tu jurisdicción, vienen a darte
la obediencia debida, y la ventaja,
de cuantas cosas cría en cada parte.
Toda criatura la cerviz abaja
y tus manos y pies llega a besarte
reconociendo por señor al hombre
que, conforme a su esencia, le dio nombre.
   Y yo la primer parte de estas cuatro,
la más ilustre por antonomasia,
la princesa y señora a quien el Batro
como oro pecha cinamomo y casia,
los pies llego a besarte en el teatro
de esta máquina hermosa. Yo soy Asia,
y el campo damasceno en mí se encierra,
de quien Dios al formarte tomó tierra.
   Madre he de ser de toda la nobleza
de Seth, tu mayorazgo, aunque tercero,
suceda su progenie en mi riqueza
y Europa en la corona que primero
honró mis sienes y por más grandeza
de la tierra en que gozosa espero,
que cuando asiento constituya a Roma
me librará del pérfido Mahoma.

| | |
|---|---|
| África | África llega a dar, príncipe justo, |
| | la obediencia a tus plantas y el decoro |
| | que debe a tu poder y imperio augusto, |
| | fértil en ámbar, perlas, marfil y oro; |
| | no menosprecies el color adusto |
| | de mi morena cara que, aunque lloro |
| | el cautiverio de mi gente impía, |
| | la ley de Roma adoraré algún día. |
| | |
| Europa | Europa, padre Adán, en quien el mundo |
| | ha de lograr en siglo venidero |
| | el trono universal sobre que fundo |
| | el mayorazgo que gozar espero, |
| | la ley del celestial Adán segundo |
| | para remedio del Adán primero |
| | defenderá, pues, porque triunfe el mismo, |
| | en mí ha de estar el solio del bautismo. |
| | |
| América | Y yo por tantos siglos escondida |
| | a la noticia oculta de la gente, |
| | y después por España reducida |
| | a que la cruz de amor honre mi frente, |
| | mil parabienes doy a tu venida, |
| | mandándome mi fe que te presente, |
| | pues América soy, parias bizarras, |
| | la plata en cerros como el oro en barras. |
| | |
| Hombre | Hermoso ornato en variedad distinta, |
| | de tanta esfera célebre en que puedo, |
| | pues el dedo de Dios la esmalta y pinta, |
| | decir que es la sortija de su dedo; |
| | el soberano Rey que hizo la cinta |
| | tachonada de estrellas donde el miedo |
| | jamás llegó, de donde el pesar huye, |

por vuestro vicediós me constituye.
Mentras no quebrantare inobediente
una ligera ley, solo un precepto
que me intimó su imperio omnipotente,
al orbe todo he de tener sujeto;
el áspid venenoso, el león rugiente,
el cocodrilo, me tendrán respeto;
todo esto puede aquel que con Dios priva.

Uno                        ¡Viva nuestro Virrey!

Todos                                       El hombre viva.

(Toca la Música. Sale la Vanidad muy bizarra, y con ella el Engaño y el Deseo; baja por una escala levadiza el Hombre, y cúbrese el trono.)

Hombre            A verme viene mi querida esposa.

Atrevimiento     Baje vuestra excelencia a recibilla.

Hombre            ¡Oh, hueso de mis huesos, carne hermosa
de mi carne, del mundo maravilla,
compañera del hombre deliciosa,
cuya materia ha sido mi costilla,
en fe de que saliendo de mi lado
sepas que me has costado mi costado;
    dame esos brazos!

Vanidad                     Caro dueño mío,
después de nuestro desposorio honesto,
acompañada fui de mi albedrío
a ver la corte y casa que te ha puesto
el que te encarga el pleno señorio
de todo el globo esférico, compuesto

de criaturas tan bellas y bizarras,
joyas de amor que me ofreciste en arras.
    Vi a un escritorio el mundo reducido,
labrado de ingeniosa taracea,
donde el poder de Dios tiene esculpido
todo cuanto esta máquina desea,
con diversas labores guarnecido
de estrellas de oro que en su adorno emplea
y por chapas al Sol y Luna solos,
si por aldabas los opuestos polos.
    Gavetas eran suyas las criaturas,
en géneros y especies divididas,
conservadas en ellas y seguras
y a obedecer tu imperio reducidas.
No tienen las gavetas cerraduras
para nosotros, antes prevenidas
al apetito dan conservas bellas
para que escoja el gusto en todas ellas.
    Una gaveta sola hallé con llave
y en sus molduras, caro esposo, escrito
«ciencia del bien y el mal», precepto grave,
cerrar la ciencia, Adán, que solicito.
Parecióme el manjar bello y suave,
porque esto de saber causa apetito;
llegó el engaño, que mi amor procura,
y con él arranqué la cerradura.
    Comí el fruto más tierno, más sabroso
que ofreció a los sentidos la apariencia;
repara en la gaveta, caro esposo,
pruébale y le hallarás por excelencia.

(Saca una gaveta de manzanas muy curiosa.)

Atrevimiento        Caso es, señor, pesado y riguroso

que fruta que es del árbol de la ciencia
del bien y el mal te sea a ti vedada;
come la fruta que a tu esposa agrada.

Hombre     Ciencias tengo yo infusas y prudencia
si de ellas me aprovecho con cuidado;
nombre di a cuantas cosas la potencia
del Rey nuestro señor me ha encomendado.

Vanidad     Ésta es ciencia de Dios y justa ciencia,
y pues su majestad nos la ha vedado,
cuando los dos podemos serle iguales,
dioses debe envidiarnos inmortales.
    Come, esposo y señor, o no me digas
que amor me tienes.

Hombre         En mi mal repara;
mira, querida esposa, que me obligas
a indignar nuestro Rey.

Vanidad         Justicia y vara
tienes; rey eres solo como sigas
mi gusto.

Hombre       ¿Ves cuán presto sales cara,
mujer formada de costilla aposta,
que en ser de mi costado, fue a mi costa?

Atrevimiento     ¿Qué temes? ¿No eres hecho a semejanza
de Dios cuanto a la parte intelectiva?
Tu alma la unidad de Dios alcanza
por ser similitud de su ser viva;
la Trinidad también para alabanza
de lo que tu valor con ella priva

te retrató su copia peregrina
una en esencia y en potencias trina.
    También produce, Adán, tu entendimiento
el verbo que el objeto representa
teniendo de ti el ser y nacimiento,
si bien es accidente cuanto intenta,
y de estos dos como de fundamento
produce amor la voluntad exenta,
pues por la voluntad amar pretendes
lo que en la mente viva comprehendes.
    Pues si tu entendimiento al Padre imita
y el concepto a su Hijo es parecido,
si el Espíritu Santo te acredita
como su amor el tuyo producido,
come de aquesta fruta, que infinita
hará tu dignidad.

Vanidad                            Dueño, marido,
                 señor, mi bien, mi gusto, come agora.

(Llora.)

Hombre          ¿A qué no obligará mujer que llora?
                   Si he de ser como Dios y ésta es la ciencia
                del bien y el mal, comer quiero. ¿Qué dudo?
                Atrevimiento, muestra.

Atrevimiento                    Tu excelencia
                 coma y a Dios se iguale, pues que pudo.

(Come.)

Hombre          Ésa fue la primera inobediencia
                del ángel necio. Pero estoy desnudo.

¿Cómo, cielos, es esto?

Admiración                    Tu malicia
te desnudó la original justicia.

Hombre        Vergüenza tengo, abriéronse mis ojos,
ciencia del bien perdí y al mal presente
me condena el manjar, viles despojos;
será la muerte herencia de mi gente,
la tierra me dará espinas y abrojos,
fruto debido al hombre inobediente;
Ícaro soy, deshizo el Sol mis alas.

Atrevimiento    Ea, que ya eres Dios, con él te igualas.

Hombre        El temor de mis culpas se comienza
a dilatar por mí. ¡Tristes congojas!
¡Que una mujer con tanto imperio venza
a un hombre sabio!

Vanidad                    ¿Contra quién te enojas?

Hombre        De mi insulto ha nacido la vergüenza
de verme ansí.

Vanidad            Pues vamos, que en las hojas
de aquella higuera nuestras galas fundo.
........................ [ -undo].

(Vanse. Quédanse el Atrevimiento, el Engaño y el Deseo.)

Atrevimiento    Ea, Deseo, ya tienes
satisfecha tu esperanza;
tú eres solo la privanza

**20**

del hombre que a servir vienes;
  en tu mano está el empleo
de todo cuanto heredó;
perdióse porque cumplió
en ti su loco deseo.
  Tú, sin límite ni tasa,
gozas su ciego favor;
su mayordomo mayor
eres, pongámosle casa,
  pues que la que Dios le puso
desbaratan sus pecados.

Deseo

Despedido ha los criados
antiguos.

Engaño

      No son al uso,
  que la prudencia y justicia,
la cordura y el consejo
visten y andan a lo viejo;
casas hay a la malicia
  y criados ha de haber
a la malicia.

Deseo

      El Engaño,
que tiene donaire extraño,
truhán suyo puede ser.

Atrevimiento

     ¡Oh! Mal sabéis lo que puede
en el palacio un truhán.
Ya los cargos no se dan
sino a quien se los concede
  un bufón que tira gajes
de cuantos él aconseja,
porque es corredor de oreja

y habla en diversos lenguajes
en vituperio y favor,
y por él premian los reyes,
castigan y ponen leyes.

Deseo         El Engaño embustidor
              hará ese oficio muy bien.

Atrevimiento  Casadle con la Lisonja.

Deseo         Ésa dicen que ya es monja.

Engaño        ¿No era buhonera?

Atrevimiento              También.

Engaño            ¡Monja!

Atrevimiento          Monja se ha metido
              y trata en ser conservera
              después que no sale fuera.
              Luego ¿nunca habéis comido
                 lisonjas de miel y azúcar,
              que, aunque tal vez empalagan,
              entre bizcochos halagan
              desde el estudiante al Fúcar?

Deseo             Maestresala puede ser
              la soberbia Presunción,
              hermano de la Ambición
              del servir y el pretender;
                 paje de copa el Contento.

Engaño        Flojo oficio le habéis dado,

porque gasta el vino aguado.

Atrevimiento        Pues eso es lo que yo intento.

Deseo                        Daréle la Liviandad
de vestir.

Engaño                          ¡Qué de invenciones
en valonas y en valones
sacará su vanidad!
    ¡Qué de mangas por gregüescos,
qué de gregüescos verán
por mangas en el galán
ya ingleses y ya tudescos!
    ¡Qué de golas y alzacuellos
diferentes del jubón!
¡Qué de ninfos que a Absalón
compran postizos cabellos
    para solapar desnudos
cascos de pelo y juicio!
¡Qué de calvos, que por vicio
con lazadas y con nudos
    por remediar sus flaquezas
nos han de dar que reír!

Atrevimiento        Mal se podrán encubrir
remiendos en las cabezas.
    Pero, dejándonos de eso,
¿no advertís cuán triste está
el príncipe?

Engaño                          Sentirá,
como es justo, tanto exceso.

Atrevimiento    Pues échese la Memoria
de casa y entre el Olvido;
y porque esté entretenido
llévele la Vanagloria
    a su jardín, donde juegue
y se divierta.

Deseo    Sea ansí;
mas él mismo viene aquí;
convidadle cuando llegue
    a algún juego.

Engaño    Ansí se hará;
pero ¿qué juego ha de ser,
si no tiene que perder
quien la gracia perdió ya?

(Salen el Hombre, la Vanidad, la Codicia y la Envidia.)

Vanidad    ¿Qué nueva melancolía
te aflige estando aquí yo?
¿No eres tú el rey a quien dio
su imperio esta monarquía?
    ¿No te estima y reverencia?
Pues ¿de qué tienes cuidado?

Hombre    Hízome mal un bocado.

Engaño    Ésa es linda impertinencia.
    Deja la memoria loca,
que son tristezas sin frutos;
anden, príncipe, los brutos
con el bocado en la boca;
    juega, canta, triunfa, olvida

**24**

necedades.

| | |
|---|---|
| Hombre | ¡Ay de mí! |
| Engaño | ¿Yo no soy tu truhán? |
| Vanidad | Sí. |
| Engaño | Pues goza la buena vida. |
| Hombre | ¿Quién, Engaño, te ha vestido tantos colores? |
| Engaño | Hogaño se metió sastre el Engaño, yo me cosí este vestido, los retazos del pendón tantos jirones me dan. |
| Atrevimiento | El Engaño y el truhán, por otro nombre bufón, si de diversas colores no se adornan, ¿de qué suerte llegaran a entretenerte ni agradar a los señores? |
| Engaño | Bella dama te acompaña. |
| Hombre | ¿No es del cielo su beldad? |
| Deseo | Hermosa es la Vanidad. |
| Engaño | Será natural de España. |

| | |
|---|---|
| Envidia | ¿Qué la primera mujer<br>fue la Vanidad? |
| Hombre | ¿Pues no?<br>Por vanidad pequé yo,<br>y este nombre ha de tener. |
| Engaño | ¡Oh, lleve el diablo el pecado!<br>No te acuerdes de eso agora;<br>entretenedle, señora. |
| Vanidad | Por el jardín le he llevado<br>de la Murmuración. |
| Engaño | Bueno;<br>¿haste divertido en él? |
| Hombre | Gusto me dio su vergel,<br>que es variable y ameno;<br>de todo trata, no deja<br>flor que no tenga. |
| Deseo | Ni errara<br>si a la araña no hospedara<br>y desterrara a la abeja. |
| Vanidad | Riega la Murmuración<br>sus cuadros con una fuente<br>de sangre fresca y reciente. |
| Atrevimiento | Siempre fue su inclinación;<br>sangre será de las venas<br>del Señor que la derrama. |

| | |
|---|---|
| Vanidad | Es verdad, porque se llama fuente de famas ajenas. |
| Hombre | Sí, mas todo cansa al fin. |
| Engaño | Juguemos un poco, pues, divertiráste después otro rato en el jardín de la Hipocresía. |
| Hombre | ¿A qué? |
| Engaño | Al ajedrez. |
| Hombre | Da tristeza. |
| Engaño | ¿Por qué? |
| Hombre | Comíle una pieza a Dios, que mi muerte fue; era rey, ya soy peón. |
| Envidia | Así el pecador se llama, mas no guardaste la dama. Soplótela la ambición; no me espanto. |
| Atrevimiento | A la pelota jugarás. |
| Hombre | Atrevimiento pelota soy yo de viento derribada agora y rota. Quísele ganar la chaza |

**27**

a Dios; cual Luzbel subí,
pero volvióme y caí
donde el temor me amenaza.
   Ya mi dignidad pasada
lo mismo que nada es,
que soy Adán, y al revés
lo mismo es Adán que nada.

Engaño
   Ea, pon aquí una mesa,
saquen naipes y al parar
juguemos.

Hombre
            Gané al pintar
y perdíme por la presa.
   Al pintar Dios lo criado
con su divino pincel
gané cuanto puse en él
con la gracia y principado;
   hice presa cuando vi
el árbol en que pequé,
y lo que al pintar gané
por la presa lo perdí.

Engaño
   Son suertes esas distintas.

Codicia
   Y vos gran tahúr, Engaño.

Engaño
   El tabardillo de hogaño
con todos juega a las pintas.

Envidia
   Vaya al chilindrón.

Hombre
            Son vanos
los lances del chilindrón;

jugó mi necia ambición
y cogióme Dios las manos;
diómela la suya franca,
y quebrantando su ley,
creí que me entrara un rey
y quedéme en carta blanca.

Envidia      En blanco diréis mejor,
             que es de lo que yo me alegro.

Hombre       En blanco no, porque en negro
             queda siempre el pecador.

(Ponen una mesa, asientos y naipes.)

Atrevimiento      Ea, juguemos primera.

Hombre       No lo será para mí;
             pues que la gracia perdí
             primera.

Engaño            ¡Pesares fuera;
             vengan naipes!

Hombre                La baraja
             que tanto el Hombre procura,
             parece a la sepultura,
             porque allí no hace ventaja
                el Monarca a sus vasallos,
             pues iguala de una suerte
             la baraja de la muerte
             los reyes y los caballos.

Atrevimiento      Haced que traigan los tantos.

| | |
|---|---|
| Hombre | Los hipócritas lo sean, para que cuando los vean los que los juzgan por santos, en acabándose el juego de la vida al pecador los echen por sin valor en la basura del fuego. |

(Siéntanse a jugar el Hombre, la Vanidad, la Codicia y la Envidia.)

| | |
|---|---|
| Engaño | Éstos son los naipes. |
| Vanidad | Vengan |
| Codicia | Dos papeles traen pegados. |
| Hombre | Son como amigos doblados. |
| Envidia | ¿Quién duda que arena tengan porque presto se despeguen? |
| Hombre | Como los gustos serán del mundo, que los traerán rotos primero que lleguen. |
| Codicia | ¿Qué habemos de hacer de resto? |
| Vanidad | Las honras y dignidades. |
| Hombre | Vanidad de vanidades. |
| Vanidad | Ya yo mi caudal he puesto. |

| | |
|---|---|
| Codicia | Por la mano llego a alzar. |
| Hombre | No vale mano, es en vano. |
| Codicia | ¿Por qué? |
| Hombre | Porque por la mano<br>perdió el reino Baltasar. |
| Engaño | Echó por copas, fue un necio. |

(Alzan.)

| | |
|---|---|
| Envidia | Un tres de bastos. |
| Hombre | A Amán<br>con él donde le ahorcarán. |
| Deseo | ¡Qué privanza! |
| Atrevimiento | ¡Y qué desprecio! |
| Codicia | Alcé un caballo de espadas. |
| Hombre | Si es símbolo de la hidra,<br>sobre ese caballo mira<br>a Saulo ciego, humilladas<br>sus bravatas y fiereza. |
| Deseo | ¿El caballo perderá<br>la espada? No, antes dará<br>por la espada la cabeza. |
| Hombre | Alzo un siete. |

Atrevimiento              A Madalena
se le dad.

Vanidad                   Siete pecados
tienen de darla cuidados.

Hombre          Algún día será buena.

(Juegan a la primera.)

Envidia              No tengo puntos, yo paso.

Hombre          Mientras que la muerte envida
pasad todos, que esta vida
se acaba al fin paso a paso.

Envidia              Envido un tanto. ¿En qué duda?

Codicia          Quiero un tanto y luego el resto.

Vanidad          ¿Quién ha querido todo esto?

Envidia          ¿Quién? la codicia de Judas.

Hombre               ¿Qué es el resto?

Codicia                    Mi conciencia.

Vanidad          Conciencia de despensero,
mala cosa, no la quiero.

Envidia          Yo sí; eche cartas.

| | |
|---|---|
| Codicia | Paciencia; <br> a flux voy. |
| Envidia | Y yo a primera; <br> hasta ahora no he perdido. |
| Codicia | Pues mire. |
| Envidia | Dadme el partido; <br> ¿qué manjar es el que espera? |
| Codicia | Oros. |
| Envidia | ¿Oros? no hago cuenta <br> de partido; mire. |
| Codicia | Miro; <br> no hice nada; tire. |
| Envidia | Tiro. |
| Hombre | ¿Cuántas hizo de oros? |
| Codicia | Treinta. |
| Hombre | Ese número ha de ser <br> tu muerte. |
| Codicia | Perdí el dinero <br> y conciencia. |
| Engaño | Un despensero, <br> ¿para qué la ha menester? |

| | |
|---|---|
| Codicia | ¡No tuviera yo el ungüento que en Cristo vertió María Madalena! |
| Hombre | ¿Qué valdría? |
| Codicia | Trecientos reales que en viento los volvió su perdición. ¿No fuera mejor vendello para remediar con ello los pobres? |
| Hombre | Sana intención; mas cuando todos los cobres, tu piedad ¿qué es lo que intenta? |
| Codicia | Remediar pobres. |
| Atrevimiento | ¿Qué cuenta tiene Judas con los pobres? |
| Envidia | ¿Queda más que jugar? |
| Codicia | Tengo un Agnus Dei esmaltado de oro y plata. |

(Saca un Agnus de oro.)

| | |
|---|---|
| Hombre | Será hurtado. |
| Codicia | No sé; a vendérosle vengo. |
| Deseo | Buena es la iluminación. |

| | |
|---|---|
| Hombre | Rayos arroja que, ardientes, alumbran todas las gentes. |
| Deseo | ¡Admirable encarnación! |
| Vanidad | De ver su hechura me espanto. |
| Hombre | Encarnóle una doncella rigiendo el pincel en ella el mismo Espíritu Santo. |
| Codicia | ¿Quién le compra? |
| Deseo | El judaísmo. |
| Envidia | ¿Cuánto pedís? |
| Codicia | Treinta reales no más, y han de ser cabales. |
| Hombre | ¿Por qué? |
| Codicia | Porque aqueso mismo pensé yo hurtar del ungüento de Madalena. |
| Envidia | Tomad los dineros y jugad. |
| Hombre | ¿Qué no hará el que es avariento? |
| Codicia | Perdonad, confusas dudas; tomadle, pues le compráis. |

(Bésale y dale.)

Atrevimiento     Pues ¿vendéisle y le besáis?

Hombre           Fiad en besos de Judas.

Deseo               ¡Bella joya!

Hombre                        Puede dar
                 su presencia vida y luz.

Envidia          ¿Véisle? pues en una cruz
                 le pienso hacer engastar,
                   aunque le tenéis por santo.

Hombre           Con su luz eclipsará
                 la del Sol, si en ella está.

Vanidad          Sois la Envidia, no me espanto.

Codicia             ¿No jugamos?

Envidia                         No con vos.

Codicia          ¿Por qué, si me habéis ganado?

Hombre           Ese dinero es hurtado.

Codicia          Volvedme el Agnus de Dios,
                   o vuelva el juego.

Envidia                         Ni gusto,
                 ni ya dárosle podré,

porque ofendiste su fe.

Codicia          Vendí la sangre del Justo,
                 tomad allá el vil dinero,
                 que no faltará un cordel.

(Arroja el dinero y vase la Codicia.)

Envidia          ¿El dinero? Dad con él
                 en el campo de un ollero,
                     que si son vasos quebrados
                 los hombres que a restaurar
                 viene Dios, bueno es comprar
                 vasos de tierra formados
                     con el dinero que es precio
                 en que a Dios Judas vendió.

Hombre           Ya el desdichado se ahorcó.

Engaño           Él murió como un gran necio.

(Sale el Temor.)

Temor            Huye, señor, huye luego.

Hombre           Pues ¿quién viene?

Temor                          La justicia
                 de Dios, que tiene noticia
                 de aquesta casa de juego,
                     y tomarte residencia
                 quiere.

Hombre                       ¡Ay, cielos! ¿Dónde iré?

¿Adónde me esconderé?

(Vase el Hombre.)

Temor                Como es de Dios su presencia
                            y tú quebraste el mandato
                        que te puso, no sé adónde
                        huyas.

Envidia                     El hombre se esconde
                        y huye por no dar barato.

Atrevimiento       Vamos tras él.

Deseo                        Es avaro.

Atrevimiento       Barato nos ha de dar
                        o el alma le ha de costar.

Envidia                Dirá, lo barato es caro.

(Vanse todos. Vuelve a salir por otra puerta el Hombre asombrado.)

Hombre               No hay lugar donde me esconda,
                        que, con ser mudo el pecado,
                        después que se ha cometido
                        voces a Dios está dando.
                        ¡Riscos, caed sobre mí!
                        ¿Adónde iré, si arrastrando
                        llevo la soga infelice
                        que mis insultos me ataron?
                        No hay hierba que no recele
                        que es el juez que está tomando
                        a mis culpas residencia

donde han de acusarme tantos;
parece que en lo interior
del alma me están llamando
a voces que, con ser loco,
juicio severo aguardo.

(Pregúntase y respóndese a sí mismo representando al juez y al reo.)

«¡Ah, del calabozo oscuro
de la culpa y del pecado!»
«¿Quién llama?» «Salga a la audiencia
el hombre necio.» «Ya salgo.
Grillos de hierro en mis yerros
y esposas de vicios saco,
que el mundo que es cazador
trata en prisiones y lazos.
En la sala de la audiencia,
sobre el trono soberano
del rigor y del poder,
me espera el juez asentado.
El potro del pensamiento
vueltas al alma está dando,
donde sirven de cordeles
mis pretéritos pecados.
Dios es el juez riguroso
que a voces me está citando.»
«¿Por qué viene este hombre preso?»
«Por ladrón.» «¿Qué es lo que ha hurtado?»
«La jurisdicción al rey,
contra quien ha conspirado
fiando de él el gobierno
de este mundo.» «¡Oh, mal vasallo!
Digno es de echarle a galeras,
y así como tal, fallamos

que le azoten y que vaya
por eternidades de años
a la galera infelice
donde reman los forzados
en vez de salobres golfos
piélagos de ardiente espanto.»
«Ya me sacan a azotar,
y pues que soy comparado
al jumento, iré en mí mismo
desnudo y avergonzado
sin las ropas de inocencia
que perdí.» Ya voy pasando
las calles de los insultos
que mis locuras poblaron;
el rigor y la vergüenza
pregones en voz van dando,
oíd: «Ésta es la justicia
que manda hacer el Rey sacro.
Nuestro Señor, de este hombre
por ladrón desatinado
que quiso ser como Dios,
mándale que sea azotado
sin cesar por la memoria
del bien que perdió su engaño,
que coma pan de sudor,
que viva siempre en trabajos».
«¡Ay, qué azotes tan crueles!
Paso, memoria cruel, paso.»
«No hay paso; matalde y diga
el pregón en gritos altos,
ansí castiga Dios a un desdichado,
del cielo por soberbio desterrado.
Grave es la culpa, denle pena grave.
¡Ay cielos! Quien tal hace que tal pague.»

(Dicen de dentro.)

Atrevimiento     Por aquí va el pecador,
                 atajémosle los pasos.

Hombre           La justicia es ésta. ¿Adónde
                 tendrá mi desdicha amparo?
                 Despeñaréme.

(Quiere despeñarse y detiénele Cristo, que saldrá vestido de la misma suer-
te que el Hombre.)

Cristo                          Detente.

Hombre           ¡Ay, cielo! ¿No es mi retrato
                 el que delante los ojos
                 tengo?

Cristo                 Sí.

Hombre                      Nuevo milagro.
                 Hombre, ¿quién eres?

Cristo                            Soy hombre.

Hombre           Luego pecador.

Cristo                      Traslado
                 de la culpa si más limpia
                 que esos cielos que he criado,
                 mi humana naturaleza
                 es impecable y yo santo.

| | |
|---|---|
| Hombre | A mí mismo en ti me veo. <br> ¿Quién eres, hombre? |
| Cristo | Tu hermano. |
| Hombre | ¿Cuándo tuve hermano yo? |
| Cristo | Desde que tu ser humano <br> me vestí por tu remedio. |
| Hombre | ¿Tú mi hermano! |
| Cristo | Y mayorazgo <br> de la posesión eterna. |
| Hombre | De oírte y verte me espanto. <br> ¡Oh, semejanza divina, <br> que porque yo fui criado <br> a semejanza de Dios <br> en mi venturoso estado, <br> tú mi semejanza tomas <br> por parecerme en trabajos <br> si yo a Dios me parecí <br> en el sosiego y descanso! <br> ¡Grande amor! |
| Cristo | La semejanza <br> le engendra; por ella te amo <br> de suerte que a pagar vengo <br> deudas que te ejecutaron. |
| Hombre | Los hermanos parecidos <br> somos. |

| | |
|---|---|
| Cristo | Serémoslo tanto,<br>que hemos de ser una cosa. |
| Hombre | Pues, piadosísimo hermano,<br>la justicia en busca mía<br>el mundo anda registrando,<br>y ya que se acerca siento. |
| Cristo | Pues acógete al sagrado<br>del hospital de la cruz,<br>que yo, que a librarte bajo,<br>pagaré por ti, pues tengo<br>caudal. |
| Hombre | Por verme de él falto<br>y mis obras sin valor,<br>señor, me escondo y no pago. |
| Cristo | En doblones de dos caras,<br>que para esta deuda traigo<br>en mis dos naturalezas,<br>cobraré carta de pago<br>y la fijaré en mi cruz. |
| Hombre | ¡Qué fiador tan abonado!<br>Mi Dios, la justicia viene. |
| Cristo | Pues vete y dame los brazos. |

(Éntrase el Hombre y salen el Atrevimiento, el Engaño y otros.)

| | |
|---|---|
| Engaño | Que se levantó del juego<br>y por no darnos barato<br>se fue. |

| | |
|---|---|
| Atrevimiento | ¿De qué te ha de dar? |
| Engaño | ¡De qué! ¿No nos ha ganado<br>los pasatiempos, deleites,<br>dignidades, honras, cargos<br>y riquezas de este mundo? |
| Atrevimiento | Pues de eso ¿qué le ha quedado<br>sino sola una mortaja<br>que, como quien ha jugado<br>y perdido, se congoja<br>con la baraja en las manos?<br>Mas ¿no es éste el hombre? |
| Engaño | Él es. |
| Atrevimiento | Lleguemos. |
| Engaño | Señor hidalgo,<br>¿es él el pródigo, el noble,<br>el magnífico y el franco?<br>Pues ¿a su bufón siquiera<br>no le alcanzará el barato<br>de alguna joya? |
| Cristo | ¿Quién sois? |
| Atrevimiento | ¿Quién? |
| Engaño | ¡Linda pregunta, al cabo<br>de todos nuestros servicios! |
| Atrevimiento | ¡Gentil medra interesamos! |

| | |
|---|---|
| Engaño | ¿Al Engaño desconoce? |
| Cristo | Yo no conozco al Engaño. |
| Atrevimiento | Bueno; el hombre se nos niega. |
| Engaño | Mal modo de tripularnos. |
| Atrevimiento | ¿Vos sois hombre de bien? |
| Cristo | Sí. |
| Atrevimiento | Pues, ladrón disimulado<br>que a Dios le hurtastes el ser,<br>dadnos barato. |
| Cristo | No he hurtado<br>el ser yo a Dios. Su igual soy. |
| Engaño | Este viento le ha quedado<br>en la cabeza. |
| Atrevimiento | Es un loco. |
| Engaño | Dad barato, o en un palo,<br>ladrón, entre dos ladrones<br>os pondremos. |
| Cristo | Eso aguardo,<br>si bien baratos prometo. |
| Atrevimiento | ¿A quién? |

| | |
|---|---|
| Cristo | Al mundo, a quien amo,<br>de suerte que le he de dar<br>a mí mismo. |
| Engaño | Bien medrado<br>quedará el mundo con vos. |
| Cristo | No conoce lo que valgo;<br>pero él me conocerá<br>después de resucitado. |

(Sale la Madalena.)

| | |
|---|---|
| Madalena | Dadme barato, Señor. |
| Cristo | ¿Quién sois? |
| Madalena | Quien siete pecados<br>encerró dentro del pecho. |
| Cristo | Pues, Madalena, yo os hago<br>libre de ellos, yo os perdono. |

(Vase Madalena.)

| | |
|---|---|
| Engaño | Eso es mejor. ¿Quién te ha dado<br>autoridad, que perdonas<br>casos a Dios reservados? |

(Sale el Buen Ladrón.)

| | |
|---|---|
| Ladrón | Un ladrón barato os pide. |
| Cristo | A feliz tiempo has llegado. |

Yo te doy mi paraíso,
a Juan mi pecho le he dado,
a Pedro mi amada iglesia,
mi doctrina doy a Pablo
y el espíritu a mi Padre
cuando le ponga en sus manos.

(Sale la Justicia con una cruz en lugar de vara; salen con ella el Deseo y la Envidia.)

Envidia          Aquí está el Hombre, Justicia,
                 que, siendo primero hidalgo,
                 perdiendo la ejecutoria
                 de la gracia, es ya villano.

Deseo            Pues si es villano, bien puede
                 ir preso por deudas.

Justicia                    Alto;
                 llévele luego la Envidia.

Envidia          Hijo de Dios se ha llamado,
                 líbrese agora a sí mismo.

Justicia         Yo haré ponerle en un palo
                 donde pague puntualmente.

Cristo           Pues me tienen por mi hermano,
                 sus culpas satisfaré.
                 Padre, este cáliz amargo
                 bebo por él, porque él beba
                 la sangre de mi costado.

Envidia          Ponedle a cuestas la vara

de vuestra justicia.

Cristo                  El cargo
            me derriba de su peso.

(Pónele al hombro la vara, y cae con ella.)

Justicia        Es de yerros, no me espanto.

Envidia         Venga y muera el hombre, o pague.

Cristo          Muera yo y viva mi hermano,
            pues esta es la justicia que ha mandado
            hacer por él en mí mi mismo agravio,
            que, pues siendo yo Dios quise fiarle,
            justo es que quien tal hizo que tal pague.

(Llévanle con la cruz a cuestas y sale el Hombre.)

Hombre          A mi hermano llevan preso
            porque ha sido reputado
            por pecador, y yo estoy
            suelto y libre. ¡Oh amor raro!
            ¡Oh similitud preciosa!
            ¡Oh generoso retrato
            del Padre Eterno, en quien siempre
            se está fecundo mirando!
            Mil alabanzas te doy,
            pues del hombre enamorado
            hombre te quisiste hacer,
            porque el hombre no sea esclavo.

Atrevimiento    ¿No es éste el preso?

| | |
|---|---|
| Envidia | El mismo es. |
| Atrevimiento | Si es él, ¿cómo se ha librado<br>de la divina justicia?<br>Vuelva preso. |
| Hombre | Eterno hermano,<br>que me llevan a la cárcel. |

(Suena música. Aparécese un cáliz muy grande y de en medio de él una cruz, y en ella Cristo, y al pie de ella fijado un pergamino escrito; salen cinco listones carmesíes como caños de sangre de los pies, manos y pecho de Cristo, que dan en el cáliz grande y de él en otro pequeño que esté en un altar con una hostia.)

| | |
|---|---|
| Cristo | Dejad a mi hermano caro,<br>pues que tan caro me cuesta<br>que por él la vida he dado.<br>Llega, hermano parecido,<br>y si del fruto vedado<br>comiste por ser cual Dios,<br>éste es de la vida el árbol,<br>como Dios serás si comes;<br>dándote antes agua manos<br>la fuente de tu dolor,<br>más de lo que debes pago<br>por ti, mas porque también<br>el fruto de mis trabajos<br>te aproveche, haz de la tuya<br>lo que por mi ley te mando.<br>Tus obras han de salvarte<br>valor de mi cruz medrando;<br>fe con obras, hombre, pido. |

| | |
|---|---|
| Hombre | Fe con obras, Señor, mando. |
| Cristo | Llega, pues, come mi cuerpo, |
| | que es el fruto sacrosanto |
| | de este árbol de vida; |
| | bebe la sangre que te derramo, |
| | que para que de este modo |
| | más los dos nos parezcamos, |
| | yo en ti, tú en mí viviremos. |
| Hombre | ¡Oh, amor de asombroso espanto! |
| | Clavada miro en la cruz |
| | la obligación del pecado; |
| | ¿cómo comerá seguro |
| | quien debe si no ha pagado? |
| | Tiemblo de tan duro empeño. |
| Cristo | Ya fenecieron tus daños; |
| | borrada está, si lo adviertes, |
| | yo soy la carta de pago, |
| | mis letras están heridas, |
| | cinco mil renglones traigo. |
| Hombre | Cantad, músicos eternos, |
| | el amor nunca imitado |
| | de Dios al hombre, pues son |
| | los parecidos hermanos. |
| (Cantan.) | «Por la imagen del hombre |
| | Dios y hombre paga. |
| | ¡Venturosa mil veces |
| | tal semejanza! |
| | El hombre terreno |
| | comió la manzana, |

perdió la inocencia,
costóle la gracia.
El hombre celeste
en él se retrata,
pagóle sus deudas,
llevóle a su casa.
Por la imagen del hombre
Dios y hombre paga.
¡Venturosa mil veces
tal semejanza!»

(Encúbrese todo con mucha música.)

Fin del auto

## Libros a la carta

A la carta es un servicio especializado para
empresas,
librerías,
bibliotecas,
editoriales
y centros de enseñanza;
y permite confeccionar libros que, por su formato y concepción, sirven a los propósitos más específicos de estas instituciones.

Las empresas nos encargan ediciones personalizadas para marketing editorial o para regalos institucionales. Y los interesados solicitan, a título personal, ediciones antiguas, o no disponibles en el mercado; y las acompañan con notas y comentarios críticos.

Las ediciones tienen como apoyo un libro de estilo con todo tipo de referencias sobre los criterios de tratamiento tipográfico aplicados a nuestros libros que puede ser consultado en Linkgua-ediciones.com.

Linkgua edita por encargo diferentes versiones de una misma obra con distintos tratamientos ortotipográficos (actualizaciones de carácter divulgativo de un clásico, o versiones estrictamente fieles a la edición original de referencia).

Este servicio de ediciones a la carta le permitirá, si usted se dedica a la enseñanza, tener una forma de hacer pública su interpretación de un texto y, sobre una versión digitalizada «base», usted podrá introducir interpretaciones del texto fuente. Es un tópico que los profesores denuncien en clase los desmanes de una edición, o vayan comentando errores de interpretación de un texto y esta es una solución útil a esa necesidad del mundo académico.

Asimismo publicamos de manera sistemática, en un mismo catálogo, tesis doctorales y actas de congresos académicos, que son distribuidas a través de nuestra Web.

El servicio de «libros a la carta» funciona de dos formas.

1. Tenemos un fondo de libros digitalizados que usted puede personalizar en tiradas de al menos cinco ejemplares. Estas personalizaciones pueden ser de todo tipo: añadir notas de clase para uso de un grupo de estudiantes,

53

introducir logos corporativos para uso con fines de marketing empresarial, etc. etc.

2. Buscamos libros descatalogados de otras editoriales y los reeditamos en tiradas cortas a petición de un cliente.

www.ingramcontent.com/pod-product-compliance
Lightning Source LLC
Chambersburg PA
CBHW020436030426
42337CB00014B/1291